LAS COSAS DE DENTRO DEL CUERPO

Que el cuerpo funcione de forma coordinada te hace tener más salud y llevar una vida estable. El **cerebro**, como un director de orquesta, es el que manda al cuerpo que actúe de una manera ordenada. También coordina los cambios que experimentará el cuerpo a lo largo de la vida. Así, con el control de lo que pasa dentro del cuerpo, el cerebro reacciona fácilmente a los cambios del exterior.

Con la información de dentro y de fuera, el cerebro mantiene el equilibrio interno del cuerpo. Además, el cuerpo se mantiene **derecho** porque tenemos un esqueleto que se puede mover gracias a los **músculos**. Pero el cuerpo no siempre es igual, cambia a lo largo de la vida gracias a unas pequeñas sustancias que circulan por la sangre, una especie de río interno.

En este libro vamos a ver cómo funciona el cuerpo desde adentro hacia afuera.

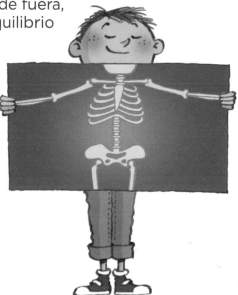

ENCARGOS
A CORTO
PLAZO

Los animales somos capaces de reaccionar con rapidez ante todo lo que pasa a nuestro alrededor gracias al **sistema nervioso**. Sabe lo que pasa dentro del cuerpo y se informa de lo que pasa fuera. Además, dentro del cuerpo, el sistema nervioso tiene un **reloj** y un **termómetro** para coordinar nuestro funcionamiento.

EL CEREBRO

El cerebro se divide en dos **hemisferios** que se reparten el trabajo. El hemisferio izquierdo controla el lenguaje y la parte más racional de nuestras capacidades. En cambio, el hemisferio derecho se asocia con las actividades más creativas, como la música o la pintura. ¡Ah! Y la mano izquierda está controlada por el hemisferio derecho, mientras que la mano derecha la controla el hemisferio izquierdo.

Un impulso nervioso viaja a 274 kilómetros por hora por los nervios del cuerpo.

LAS ÓRDENES A DISTANCIA

En el habla participan distintas estructuras del **cerebro**, desde las que «piensan» lo que quieres decir hasta las que mueven los labios, la lengua o los pulmones.

¿DE QUÉ SE ENCARGA CADA PARTE DEL CEREBRO?

Lóbulo frontal: del pensamiento, el razonamiento, la asociación de ideas. También de los movimientos voluntarios y las sensaciones de la piel.

Bulbo olfatorio: recibe los olores.

Lóbulo parietal: del tacto y la orientación espacial.

Lóbulo occipital: de la visión.

Cerebelo: del movimiento, el equilibrio y la posición del cuerpo.

Bulbo raquídeo: de reacciones como los estornudos, la tos y los vómitos.

Lóbulo temporal: de la audición y el gusto.

Médula espinal: comunica el cerebro con el cuerpo. Recibe sensaciones y envía órdenes al cerebro.

Bronquios

Latidos

Glándulas suprarrenales

Movimientos del estómago

Vejiga urinaria

Movimientos de los intestinos

Algunas acciones, como escribir, dibujar, coger una manzana o comer, las haces porque quieres. ¡Pero otras las haces sin darte cuenta! Respirar, hacer la digestión, hacer latir el corazón ie incluso retirar la mano cuando te quemas con una vela!

PENSAR, RECORDAR

Los elefantes tienen el cerebro más grande que los humanos, ¡pero también tienen un cuerpo mucho más grande! De todos los animales, los humanos somos los que tenemos el cerebro proporcionalmente más grande. ¡Úsalo bien, piensa que es **único** entre todos los animales!

El cerebro guarda la **memoria**. ¿Verdad que a veces recuerdas un número durante un rato... y poco después te olvidas? ¿Pero a que los nombres de tus amigos no se te olvidan? Eso pasa porque tienes recuerdos diferentes en diferentes partes del cerebro.

El cerebro trabaja tanto que necesita mucha energía. Para dársela, tienes que comer suficiente y bien.

$$E = mc^2$$

Solo el cerebro humano es capaz de resolver operaciones complejas, ¡si se entrena!

DORMIR

Al acabar el día, el cuerpo y el cerebro necesitan **descansar**. Se cree que, mientras dormimos, el cerebro guarda la información y quizá resuelve problemas. ¡Por eso decimos «tengo que consultarlo con la almohada»!
Para dormir bien es bueno tener **rutinas**: prepararte siempre a una hora similar, dejar de ver la tele un rato antes, poner una luz suave... Hazlo y verás cómo duermes bien.

Los humanos dormimos unas ocho horas cada noche; los niños duermen más, y los ancianos, menos.

¡Algunas personas son **sonámbulas** y caminan dormidas!

Los **bostezos** son reacciones que no se sabe bien para qué sirven. Bostezamos antes de irnos a dormir, cuando nos despertamos y, a veces, cuando nos mareamos.

Cuando bostezamos no hace falta que todos nos vean la campanilla, es mejor si nos tapamos la boca con la mano.

¿Te has fijado en que, si duermes mal, sientes como si la cabeza te pesara y no te encuentras muy bien?

Pero cuidado, ¡porque los bostezos se contagian! ¿A que cuando un amigo tuyo te ve bostezar él también acaba bostezando?

Los demás animales también duermen. Pero no necesariamente de noche.

EL RELOJ INTERNO

El **día** y la **noche** son dos momentos muy distintos para nosotros y nos **organizan** la vida. En general, hacemos la mayoría de las actividades durante el día, y por la noche dormimos. ¿Por qué? Vivimos de día porque vemos mejor con la luz del sol. Somos **animales diurnos**. ¡Pero hay animales que no lo son!

Leer un cuento

Cenar

Ayudar a tus padres a hacer la cena

Hacer deporte o jugar con los amigos

Comer

24

21

18

15

1

3

Dormir

6

9

Levantarse

Ir al cole

Nuestro cuerpo responde tanto a la **rotación de la Tierra** (que define el día y la noche) que, si nos escondiésemos en una cueva sin ver el Sol, nos despertaríamos también por la mañana y dormiríamos por la noche.

Tenemos el día bien organizado. Aunque los fines de semana hacemos actividades diferentes.

EL
TERMÓMETRO
INTERNO

Los humanos mantenemos la **temperatura** del cuerpo más o menos **estable**. Para funcionar bien, nuestro cuerpo no debe estar a más de 37 °C. Por eso, cuando hace mucho calor o haces deporte, **sudas**. Si sudas mucho pierdes mucha agua, y entonces tienes que **beber** para recuperarla.

Tampoco es bueno que tu **temperatura** baje de los 35 °C. ¿A que cuando tienes frío se te pone la «piel de gallina»? ¡Es una reacción que conservamos de nuestros antepasados peludos! Eso pasa porque los pequeños músculos que hay debajo de la piel tiran de los pelos y los ponen de punta. ¡Son los músculos «erectores»!

Si pasas aún más frío, **tiemblas** y te **castañean los dientes**. Es una reacción del cuerpo para que te muevas un poco y así tengas menos frío.

Cuando teníamos **pelaje**, lo inflábamos para perder menos calor. Por eso mamá sacude el edredón las noches frías de invierno, para que se ponga más grueso.

Por eso tienes que abrigarte bien cuando hace frío. Además, perdemos mucho calor por la cabeza, así que es conveniente llevar gorros y sombreros.

¿Te has fijado en que de buena mañana las lagartijas se ponen al sol y a mediodía se esconden bajo las piedras? Eso pasa porque por la mañana necesitan que les suba la temperatura para poder cazar, pero, cuando ya se han calentado bastante, tienen que esconderse para no asarse. Son animales de **sangre fría**.

LA FIEBRE

A veces tenemos el cuerpo más caliente de la cuenta sin haber hecho ejercicio. Eso ocurre cuando tenemos **fiebre** porque estamos enfermos. La fiebre es beneficiosa ¡siempre que no pase de 42 °C! Los **microorganismos** que nos ponen enfermos viven peor con una temperatura alta, y esa es la mejor defensa de nuestro cuerpo. La fiebre, por tanto, hace que la infección dure menos.

Las poblaciones que viven en **zonas cálidas** tienen el cuerpo alto y delgado, para no conservar tanto el calor.

Las poblaciones que viven **cerca de los polos** tienen el cuerpo más bajito y rechoncho, para conservar mejor el calor.

ENCARGOS
A
LARGO PLAZO

En las diferentes etapas de la vida, nuestro cuerpo cambia. Estos cambios están regulados por el **sistema endocrino**, que se encarga de los procesos del cuerpo que se producen lentamente. Suele trabajar en conjunto con el cerebro para que el cuerpo funcione adecuadamente. La base del sistema endocrino son las **hormonas**, que son los mensajeros químicos que se fabrican en las **glándulas**. Con las órdenes que dan las hormonas acabamos creciendo y haciéndonos adultos. Todos seguimos el mismo patrón porque todos somos humanos, aunque seamos diferentes.

¿Sabías que las glándulas suprarrenales segregan las hormonas de las emociones? Si tenemos miedo, ¡la adrenalina es la que nos empuja a huir!

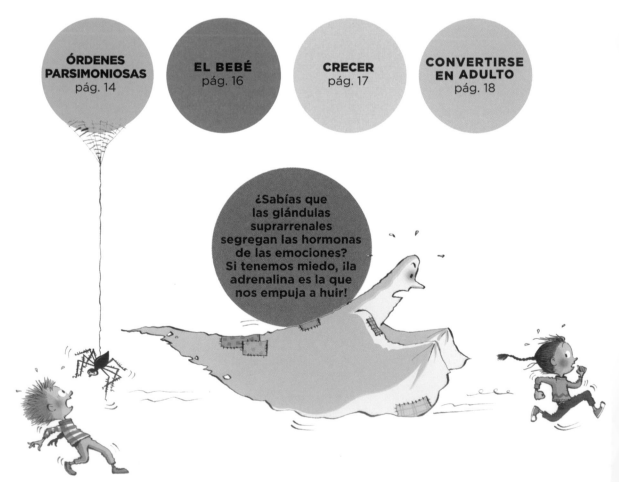

¡NO ESTOY ENFADADA!

Cuando no puedes hacer lo que quieres o un niño te quita un juguete, sientes calor y cambia la forma como ves el mundo. ¡Estás irritado!
La **adrenalina**, que fabrican las **glándulas suprarrenales**, también puede ser responsable del enfado.
Para que se te pase el enfado, necesitas un rato para calmarte.
Pensar en cosas agradables te ayuda a recuperar de nuevo el control de tu cuerpo.

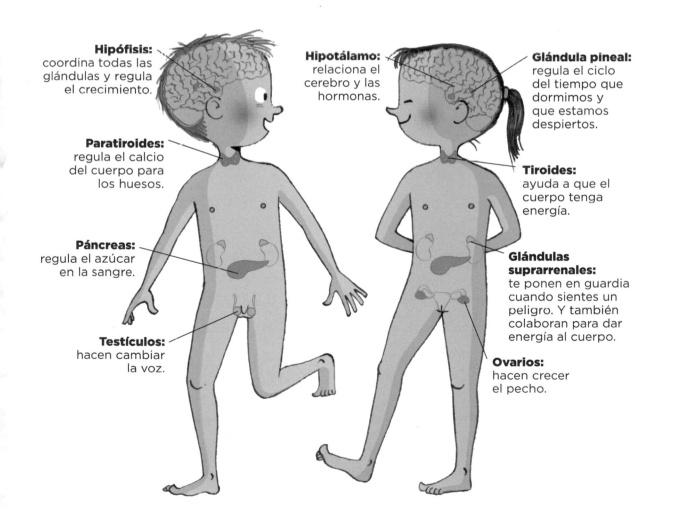

Hipófisis: coordina todas las glándulas y regula el crecimiento.

Paratiroides: regula el calcio del cuerpo para los huesos.

Páncreas: regula el azúcar en la sangre.

Testículos: hacen cambiar la voz.

Hipotálamo: relaciona el cerebro y las hormonas.

Glándula pineal: regula el ciclo del tiempo que dormimos y que estamos despiertos.

Tiroides: ayuda a que el cuerpo tenga energía.

Glándulas suprarrenales: te ponen en guardia cuando sientes un peligro. Y también colaboran para dar energía al cuerpo.

Ovarios: hacen crecer el pecho.

ÓRDENES
PARSIMONIOSAS

¿Te has fijado en que las personas **cambiamos** mucho a lo largo de la vida?
Primero empezamos a formarnos dentro de la barriga de mamá, después nacemos, crecemos y nos hacemos mayores.
No paramos de crecer hasta que somos adultos, y lo hacemos de manera distinta si somos niños o niñas.
¡Y así hasta que somos ancianos!

Y ESTOS CAMBIOS DEL CUERPO, ¿CÓMO SUCEDEN?

El cuerpo fabrica unas pequeñas sustancias que se llaman **hormonas**. Se crean en distintos lugares del cuerpo y se distribuyen a través de la sangre. Cuando llegan al lugar adecuado, se quedan allí y provocan los cambios del cuerpo.

¿Y cómo sabemos que han llegado al lugar adecuado? ¡Del mismo modo en que una llave abre una puerta y solo una! Todas las glándulas deben funcionar bien para que te desarrolles correctamente y tengas una vida sana.

Cuando este sistema de regulación falla, aparecen enfermedades. Por ejemplo, si falla la hormona del crecimiento, pueden darse casos de gigantismo o de enanismo, o, cuando el páncreas no trabaja bien, aparece la diabetes.

De todas formas, se ha estudiado tan bien el funcionamiento de las hormonas que, con el tratamiento adecuado, las personas con estas alteraciones pueden hacer vida normal, como alguien que no ve bien y le ponen gafas.

EL
BEBÉ

Cuando se forma un feto dentro de la barriga de la madre, crece muy rápido y se convierte en un bebé. A los dos meses, mide aproximadamente como un dedo. Ya tiene cerebro, ojos, orejas, huesos, músculos y todo lo que necesitará al nacer.

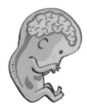

Cuando el feto empieza a tomar forma, primero queda claro dónde está la **cabeza** (con el cerebro y los ojos) y dónde tiene la **cola**.

En segundo lugar, dónde tiene la **espalda** (la columna) y el vientre (las vísceras).

Después, dónde tiene la **izquierda** (el corazón) y dónde tiene la **derecha** (el hígado).

¿Y cómo recibe el alimento que necesita para crecer? Se lo da su madre, a través del **cordón umbilical**. Tenemos una prueba de ello: ¡el **ombligo**, una marca de nacimiento!

PASAMOS UNOS

9

MESES DENTRO DE LA BARRIGA DE LA MADRE

Al principio somos más pequeños que un grano de arroz, y cuando nacemos somos como una sandía. Crecemos continuamente, y no paramos hasta los veinte años, más o menos, aunque en algunos momentos crecemos más rápido que en otros.

TODOS TENEMOS OMBLIGO

Todos los mamíferos, ¡y muchas plantas también! ¿Alguna vez te has fijado en que cuando le quitas el rabillo a una cereza queda una especie de agujero? Es su ombligo.

De la misma forma que cuando la cereza estaba en el cerezo el árbol le daba alimento y ella crecía, dentro de la barriga de la madre los mamíferos nos alimentamos por el cordón umbilical. Al nacer, empezamos a mamar y el cordón ya no nos hace falta. Entonces se seca, se cae y nos deja el ombligo de recuerdo.

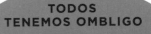

CRECER

Naciste desvalido, como todos los bebés. Necesitabas a tu madre, a tu padre, a tus abuelos... a todo el que pudiese ayudarte. Pero creciste muy rápido, y enseguida aprendiste muchas cosas. Primero reconociste la voz de tu madre, y un poco después, aprendiste a sonreír.

Cuando cumpliste un año, ya habías crecido más de un palmo, iy pesabas tres veces más que al nacer! Y ya sabías comer, sentarte, arrastrarte, andar y hablar. Y te salieron los primeros dientes.

A los dos años, ya podías correr, saltar y formar frases. Y, aunque más lentamente, seguías creciendo.

Más adelante se te caen los dientes de leche, iy cada vez aprendes más cosas y hablas mejor!

Puede haber diferencias entre los hermanos, los primos o los amigos, porque cada persona tiene su propio ritmo de crecimiento y, además, cada uno tiene sus propias capacidades y aptitudes, ique, por suerte, son muy diversas!

CONVERTIRSE EN
ADULTO

Las **niñas** llegan a la pubertad entre los ocho y los trece años, y los **niños**, entre los diez y los quince. En ese momento, el cerebro empieza a dar órdenes a las glándulas y se producen las hormonas sexuales.

Así, el cerebro prepara al cuerpo para tener hijos, ¡aunque aún falten unos años para tenerlos!

A las **niñas**, les crece el pecho y las caderas se les vuelven más anchas. Y acaban teniendo la menstruación.

Todos parientes, todos diferentes

Todos los humanos somos **diferentes**. Aunque te parezcas mucho a tu hermano o a tu hermana, eres un poco diferente. Incluso aunque seáis gemelos o gemelas.

Todos los humanos somos **parecidos**. Tenemos dos brazos, uno a cada lado del cuerpo, y dos piernas, debajo del trasero. ¡Si no, qué raro sería!

Entonces, ¿cómo sabe el cuerpo cómo tiene que construir cada parte específica?
¡Pues porque nuestras células contienen instrucciones! Es el ADN, que contiene toda la información para construir cada parte del cuerpo.

A los **niños**, la voz se les pone más grave y les salen pelos en la cara, el bigote y la barba. Los hombros y los testículos también les crecen.

EL CUIDADO PERSONAL

El cuidado del cuerpo lo ayuda a crecer. Los alimentos saludables, el ejercicio físico, la higiene y disfrutar de suficientes horas de sueño ayudan a que el cuerpo crezca fuerte y sano.

LA ECUACIÓN DEL CRECIMIENTO

¿Quieres saber tu **altura** probable al hacerte mayor? ¡Haz este cálculo! Pero ten en cuenta que es solo una aproximación y que puede variar algunos centímetros.

niña: $$\frac{\text{altura del padre} + \text{altura de la madre} - 13}{2}$$

niño: $$\frac{\text{altura del padre} + \text{altura de la madre} + 13}{2}$$

El ADN lo has recibido de tus padres, por eso te pareces a ellos. Y, como ellos lo han recibido de sus padres, también te pareces a tus abuelos, a tus tíos y a tus primos. Todos sois parientes.

¡La mezcla del material genético hace que cada uno de nosotros sea único!

Esta X es un cromosoma, donde se archiva el ADN. Parecidos a este, tienes 46 en cada célula: 23 del padre y 23 de la madre.

¿Sabes cuánto medirían si los pudiésemos estirar?

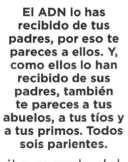

LOS RÍOS
DE DENTRO DEL
CUERPO

La **sangre** distribuye por todo el cuerpo el oxígeno y los nutrientes que necesitamos para sobrevivir. También recoge los productos rechazados por el cuerpo y los lleva a los riñones, y nos aporta lo que necesitamos cuando nos ponemos enfermos o nos hacemos una herida. Para poder vivir, necesitamos sangre suficiente. La sangre la mueve el corazón, un músculo que tenemos en el centro del cuerpo. La linfa, el líquido de las heridas superficiales, se parece a la sangre, y se encarga sobre todo de defendernos de las infecciones.

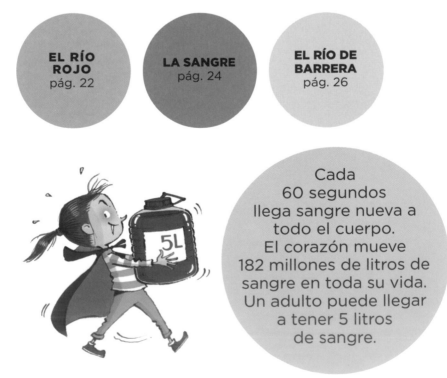

Cada 60 segundos llega sangre nueva a todo el cuerpo. El corazón mueve 182 millones de litros de sangre en toda su vida. Un adulto puede llegar a tener 5 litros de sangre.

Los **vasos sanguíneos** de un cuerpo humano tienen una longitud total de unos 100.000 kilómetros. Puestos en fila, ¡podrían dar dos vueltas y media a la Tierra!

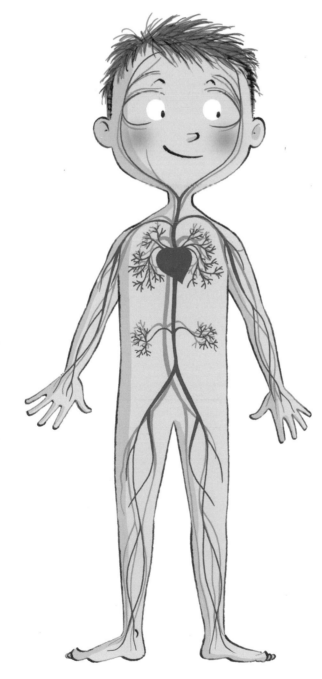

La sangre circula por unos **vasos** que son muy gruesos justo en la entrada y en la salida del **corazón**. Conforme se van acercando a los **pulmones** y a los demás órganos del cuerpo, son cada vez más finos. Reparten el **oxígeno** hasta los extremos más lejanos del cuerpo, y, en el proceso inverso, cogen **dióxido de carbono** y lo llevan a los pulmones.

EL
RÍO
ROJO

Cuando pones la oreja en el pecho de alguien, puedes oír los latidos del **corazón**. También los notas si te presionas con los dedos el cuello o la muñeca. Ahora sabemos que el corazón es un músculo situado en el centro del cuerpo que mueve la sangre. Pero antes se creía que el corazón era donde se guardaba la memoria; de ahí viene la palabra *re**cor**dar* («volver al corazón»).

El **corazón** es un músculo diferente del resto porque late de forma automática. ¡Funciona incluso cuando estás boca abajo! Pero, como los demás músculos, hay que entrenarlo practicando algún deporte o haciendo ejercicio.

Hay personas que tienen enfermedades del corazón; muchas veces se pueden curar con una operación.

Vena pulmonar: lleva la sangre de los pulmones al corazón.

Arteria pulmonar: lleva la sangre del corazón a los pulmones.

Arteria aorta: distribuye la sangre del corazón a todo el cuerpo.

Vena cava: devuelve la sangre de todo el cuerpo al corazón.

El corazón pesa cerca de un cuarto de kilo, y tiene el tamaño de un puño. A tu edad, late cada día entre 80 y 100 veces por minuto.

LA
SANGRE

Cuando te hacen un análisis de sangre, la separan en cuatro partes.

El **plasma** es un líquido amarillo que transporta nutrientes, hormonas y proteínas que te dan energía y te ayudan a crecer.

PLASMA

GLÓBULOS BLANCOS

PLAQUETAS

GLÓBULOS ROJOS

Los **glóbulos rojos** transportan el **oxígeno** y el **dióxido de carbono**. Los adultos tienen casi 5 millones de glóbulos rojos, que viven hasta 120 días. Como es el elemento más abundante, es el que da su color a la sangre. Si no tienes bastantes glóbulos rojos, te sientes muy débil. ¡Podrías tener anemia!

Las **plaquetas** forman un tapón en las heridas cuando la sangre brota de ellas. Cuando el coágulo se seca y se endurece, se convierte en una costra, y así no entran bacterias ni suciedad. Cuando la piel nueva ha crecido, la costra se cae. Los adultos tienen entre 150.000 y 400.000 plaquetas, que viven entre ocho y diez días.

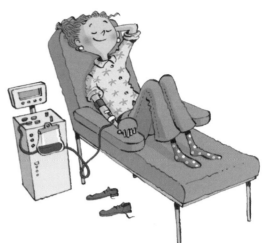

Hay una enfermedad grave en la que las plaquetas no actúan bien, y se llama **hemofilia**. Puedes ayudar a los afectados donando sangre. ¡Pero ojo! ¡Solo puedes donar si tienes más de 18 años y pesas más de 50 kilos!

Los **glóbulos blancos** luchan contra las infecciones. Tenemos entre 4.000 y 11.000 glóbulos blancos que tienen una vida variable, según el desgaste que tengan en la lucha contra las infecciones.

Los insectos también tienen una sustancia que les transporta el oxígeno por el cuerpo, pero no es roja, sino incolora. Si ves sangre roja en un mosquito, ¡es porque antes ha picado a alguien!

EL
RÍO
DE
BARRERA

Además de las venas y las arterias que transportan la sangre, también tienes una red de pequeños vasos que riegan todo tu cuerpo por dentro: es el sistema linfático. Se llama así porque transporta la linfa, que es básicamente agua, glóbulos blancos y sustancias en disolución. La **linfa** es necesaria para defendernos de las infecciones.

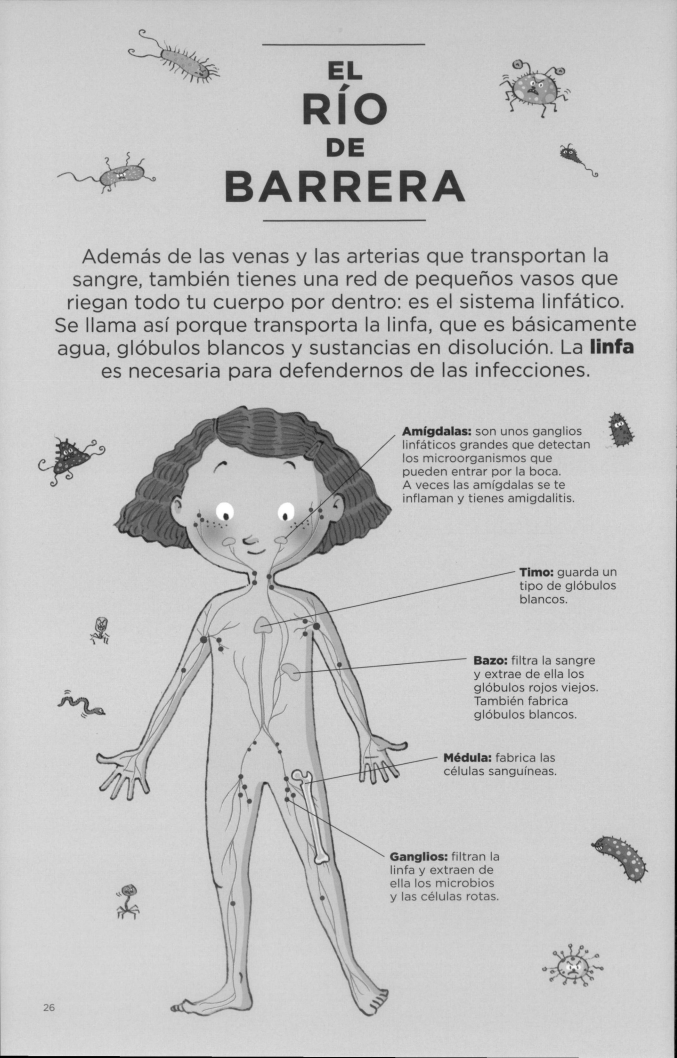

Amígdalas: son unos ganglios linfáticos grandes que detectan los microorganismos que pueden entrar por la boca. A veces las amígdalas se te inflaman y tienes amigdalitis.

Timo: guarda un tipo de glóbulos blancos.

Bazo: filtra la sangre y extrae de ella los glóbulos rojos viejos. También fabrica glóbulos blancos.

Médula: fabrica las células sanguíneas.

Ganglios: filtran la linfa y extraen de ella los microbios y las células rotas.

Cuando un **microorganismo** consigue atravesar la barrera de la piel y entra en el cuerpo, los **glóbulos blancos** se lo tragan y lo destruyen.

Si alguien tiene una **alergia**, su cuerpo reacciona de manera exagerada sin que haya ningún microorganismo. En general una alergia no es grave, pero puede ser molesta.

Seguro que has oído hablar del **sida**, una enfermedad que afecta al sistema de defensa de los seres humanos. Como las defensas dejan de funcionar en las personas que lo tienen, se infectan muy fácilmente.

Hace muchos años, las infecciones provocaban muchas enfermedades y muertes. Por suerte, hubo dos descubrimientos que permitieron que muchas personas se pudieran salvar: las **vacunas** y los **antibióticos**.

Las **vacunas** son como unas barreras para la entrada de microorganismos, por eso te las ponen.

Los **antibióticos** son medicamentos que atacan a las bacterias, ¡úsalos con cuidado!

MANTENERNOS
DERECHOS

Los vertebrados tenemos un **esqueleto** interno que nos sirve de pilar, y una **musculatura** que lo mueve y que permite que nos desplacemos. El sentido del **equilibrio** hace que podamos mantenernos derechos y nos dice dónde está arriba y abajo en la Tierra.

LOS HUESOS
pág. 30

LOS MÚSCULOS
pág. 32

EL EQUILIBRIO
pág. 34

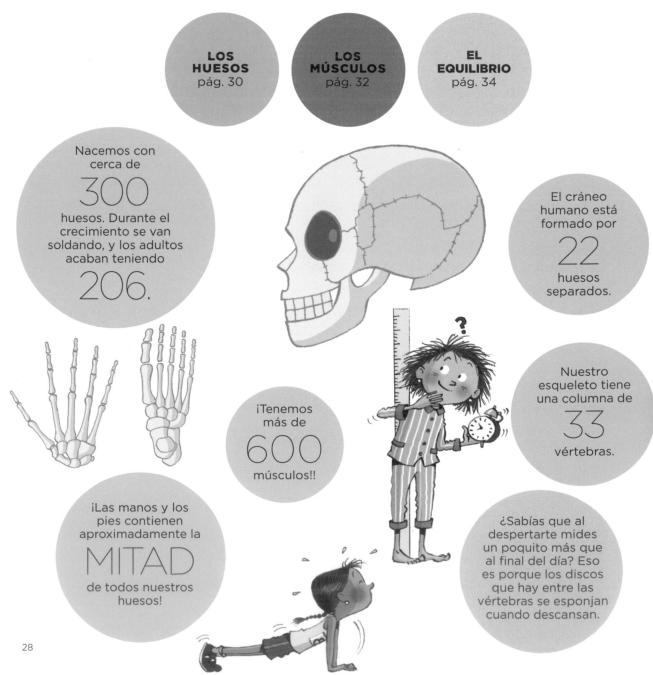

Nacemos con cerca de 300 huesos. Durante el crecimiento se van soldando, y los adultos acaban teniendo 206.

El cráneo humano está formado por 22 huesos separados.

¡Tenemos más de 600 músculos!!

Nuestro esqueleto tiene una columna de 33 vértebras.

¡Las manos y los pies contienen aproximadamente la MITAD de todos nuestros huesos!

¿Sabías que al despertarte mides un poquito más que al final del día? Eso es porque los discos que hay entre las vértebras se esponjan cuando descansan.

LOS
HUESOS

¡Si puedes ponerte de pie y recto es porque tienes huesos! Son la estructura básica del cuerpo. Gracias al **esqueleto** tienes la forma que tienes, puedes andar y mantenerte derecho.

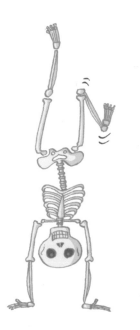

Cuando somos pequeños, los huesos largos crecen entre 5 y 6 centímetros al año. Pero ojo: como somos seres vivos, el esqueleto se puede deformar a medida que crece, ¡o sea que ten cuidado en cómo te sientas y en cómo caminas!

¿Te has fijado en cuántos huesos tienes en cada dedo? ¿Cuántos dedos tienes? ¿Utilizas los dedos para contar?

Hay huesos que te permiten estar derecho, como las vértebras de la columna, la pelvis y los huesos de las piernas y los brazos. Hay otros que protegen los órganos delicados, como el cráneo, que cubre el cerebro, o las costillas, que envuelven el corazón y los pulmones. La pelvis sujeta el estómago y los intestinos.

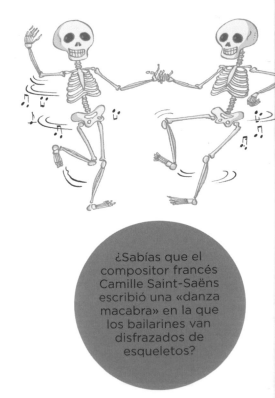

¿Alguna vez te has fijado en que la bandera pirata tiene una calavera y dos tibias cruzadas? Los piratas de Europa y de América la llamaban «Jolly Roger».

¿Sabías que el compositor francés Camille Saint-Saëns escribió una «danza macabra» en la que los bailarines van disfrazados de esqueletos?

Los huesos son duros, ¡pero debes tener cuidado, porque se pueden romper! Para repararlos, a veces, se enyesa la zona afectada inmediatamente y se recomienda comer bien. ¡Sigue los consejos del médico!

Tienes algunos huesos largos, como los de los brazos y los de las piernas, y otros cortos, como los de las manos y los pies, que te permiten hacer movimientos más precisos. También tienes huesos planos, como los del cráneo, las costillas o el esternón.

Los huesos se unen unos a otros por las articulaciones. ¿Te has dado cuenta de que los hay muy móviles, como las rodillas, y otros menos móviles, como los hombros? Incluso hay algunos que no se mueven nada, como los del cráneo.

1
¿Cuál es el hueso más largo del cuerpo?

2
¿Cuál es el hueso más pequeño del cuerpo?

3
¿Cuántos huesos tiene el cuello de una jirafa?

4
¿Cuántos huesos tienes en el cuello?

LOS MÚSCULOS

Los **músculos** están entre los **huesos** y la **piel**. Se unen a los huesos por los **tendones**, y entre todos hacen posible que te muevas. Los huesos te dan soporte, y los músculos te dan potencia.

Estirando y contrayendo unos músculos u otros puedes andar, jugar al fútbol, bailar, estirarte, levantarte y... ¡meterte el dedo en la nariz! Cuando sonríes o guiñas el ojo, también estiras y contraes músculos.

Los músculos más largos son los de las piernas. Y los más cortos están en las orejas.

¿Alguna vez te has fijado en el movimiento que se produce cuando «sacas músculo» con el brazo? Al hacerlo, el músculo que está delante del brazo, que se llama **bíceps**, se hace más corto, y el que está detrás del brazo, el **tríceps**, se estira. Cuando estiramos el brazo pasa lo contrario: el bíceps se alarga y el tríceps se acorta.

El cuerpo tiene unos 600 músculos, que son muy diferentes unos de otros. Algunos son anchos, como los del vientre o la lengua; hay otros largos, como los de los brazos y las piernas, y algunos son cortos, como los de los dedos.

Cuando soplas, haces trabajar los músculos del pecho.

Cuando puedes decidir el movimiento que quieres hacer, como cuando juegas a la pelota, recoges tus juguetes o sacas la lengua, usas músculos voluntarios. Cuando no decides si mueves los músculos, como cuando haces latir el corazón o mueves el estómago, es que son músculos involuntarios.

Cuando los usas, los músculos se vuelven más grandes. Pero si no los usas se hacen pequeños, como ocurre cuando a alguien le enyesan una pierna. Si mueves los músculos de una forma demasiado brusca o hace tiempo que no los ejercitas, puedes hacerte daño: un esguince, un calambre o agotarte. Ojo, ¡tienes que cuidar tu cuerpo!

Todos los animales tienen un sentido del **equilibrio** adecuado a la vida que llevan. Las medusas vuelven a colocarse bien si una ola las gira. Los gatos pueden caminar por los tejados, su sentido del equilibrio es mejor que el nuestro. Los murciélagos pueden pasar mucho rato boca abajo. Los humanos, hasta cierto punto, también podemos entrenar el equilibrio: ¡fíjate en los acróbatas del circo!

EL

EQUILIBRIO

El cuerpo está hecho para que la cabeza esté arriba y los pies abajo. ¿Alguna vez has pensado que caminas derecho y no te caes porque tienes un sentido que te ayuda a mantener el equilibrio?

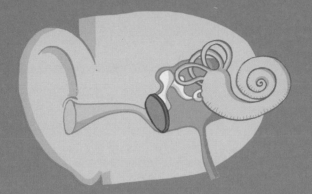

El órgano del equilibrio tiene forma de caracol
y está dentro del oído. En sus paredes hay unos
pelos, y dentro, un líquido. Con el movimiento, el
líquido se mueve y moja los diferentes pelos.
Los pelos informan al cerebro para avisarle si
estás boca abajo.

Si alguna vez has
girado muy rápido,
debes haber notado que
te caes o que te mareas
cuando paras. Eso es
porque el líquido aún no se
ha detenido, ¡aunque tus
ojos vean que has
parado!

LAS COSAS DE
DENTRO
DEL CUERPO